幸せって何だろう？

私の思う幸せのカタチとは

糸柳 達成・工藤 直彦 ◎著

JN126107

万代宝書房

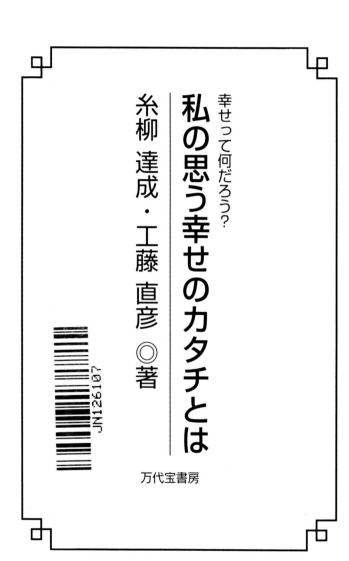

はじめに

みなさん、あなたにとっての

「幸せって何だろうか?」「幸せのカタチって何だろうか?」

と考えたことがあるでしょうか? また、その答えは見つかっているでしょうか?

質問を変えましょう。

あなたは幸せですか?

これまでの人生は幸せでしたか?

あと何があれば、幸せですか?

今回は、「幸せって何だろう?私の思う幸せのカタチとは」と題し、㈱アテインの代表取締役の糸柳達成氏にお話を聞かせていただきました。

糸柳氏は、同じ父母が4回結婚し、4回目の離婚の末、11歳の時に両親が共に失踪しました。独り残された達成少年は、親族に預けられ、その後、新聞配達をして自活しました。

父ちゃんが帰って来るのを待っているから!!　母に捨てられた11歳少年が独り暮らしを決意した想いとは、何だったのでしょうか?

11歳から独り暮らし、高校卒業後すぐ上京、数々の経験を経てパチンコ店に入社した糸柳達成氏。30歳を目前にして、突然、見知らぬ病院から職場へ電話が…。向かった先の病院で見た、18年ぶりの親父の姿…。

父と共に過ごした、最後の3日間について語ります。

現在は2人の男の子を持つ父親として、家庭を持つ夢の幸せを得た糸柳氏が当時の思いを語ります。

糸柳氏は幸せには、**お金、時間、友達・仲間、志・夢の5つのバランスと健康が**大事だと話します。そこに大きい、小さいはないと…。

知人の紹介で講演してから、もっと多くの人に知ってもらいたいと活動を始めた糸柳達成氏。なお、この半生は、妻にも、職場でも話さなかった自分の人生を、人気パチスロライターが小説化することになりました。

第二部では、糸柳氏と同年代の工藤直彦氏（哲学の私塾を主宰、心理学、ファシリテーション、中国哲学を学んでいる、現在は、ミュージシャンの派遣・ライブの企画運営）がお話を聴いて、経営者の心の変化に注目し、成功に拘らず幸せになる心の在り方について語っています。

（※紙面及び内容の都合上、すべてを掲載しなったこととご理解ください。）

第三部では、お二人に加えて私、釣部人裕の三人の鼎談を収録しました。大人の在り方、親の在り方に大きな影響があり、大人の教育の重要性が指摘されました。

「人は幸せになるために生まれてきている」いわれています。しかし、我々は「成功するための勉強」はしても、「幸せになるための勉強」は殆どしていません。

本書が、**「幸せになるための勉強」**の一助になれば幸いです。

二〇二一年四月吉日

釣部　人裕

幸せって何だろう？　私の思う幸せのカタチとは◎　目次

【第一部】

幸せって何だろう？
私の思う幸せのカタチとは

幸せのカタチ

幸せって、何だろう？
私の思う幸せのカタチとは

第1部

ゲスト講話者
株式会社アテイン 代表取締役
糸柳 達成 氏

両親ともに幼少期に家を出てしまい親戚に引き取られるという生い立ち。

◎◎◎◎◎

親がいないため就職の書類審査が通らない試練の中、幸運にもパチンコ店に就職。マーチャンダイザー、新規出店店長を経て退社、営業コンサルタント会社を経て、2011年に（株）アテインを設立。

また、ご自身の苦難の体験を経て、また育ててくれた方、関わってくれた方に感謝の恩返しとして、児童養護施設出身者等社会的弱者の就職支援、高齢者への支援など社会貢献活動も展開されております。

一見するとグレたりしそうな家庭環境の中、パチンコ会社内での出世や独立後の社会貢献など実績を重ねる糸柳氏が幸せになるために大切にしていたものとは何なのか？

1．消えた父親と母親

みなさん、こんばんは。ただいまご紹介にあがりました、糸柳達成と申します。会社は、株式会社アテインと申しまして江東区にあり、経営コンサルタントとか、ちょっと言いづらいですけど、ダイエット商材も扱っております（笑）。一度、私が見本になって95kgから80kgまで2か月で落としたのですが…。また頑張ります（笑）。

実は、豊島区倫理法人会は縁が深いと申しますか、釣部会長の前の会長の頃、3年ぐらい前になるかと思うのですが、一度縁があって入会させてもらったことがありました。当時、仕事の方がバタバタなのと、子どもがまだ7歳と5歳なんですが、当時は4歳と1歳でその辺もありまして、なかなか時間が取れず、参加が難しいということで、釣部会長にお願いして、一旦休まして頂きました。

今こうしてまた、お世話になるというのは本当に思ってなかったので、すごく光栄に思っております。また、先日の万人の知恵チャンネルの収録の時に初めて知りましたが、工藤さんと自分が同い年ということで、世代が同じなら多分伝わるんだろうと思いまして…。

今日は、工藤さんともそういったお話をまた、させて頂けるのがすごく嬉しいなと思っております。

講話をする糸柳氏

早速、本題に入りますが、（経営者）モーニングセミナーでは、関東を中心に7箇所ぐらい倫理法人会でお話しさせて頂く機会がありました。今日は割と時間をいただけるということでもう少し幅を広げてお話しさせてもらおうと思っております。

私は、昭和39年生まれです。工藤直彦法人スーパーバイザーと同じです。

今、東京オリンピックが延期になるかどうかというような世の中になっていますが、１９６４年の東京オリンピック

第1回目の、その時に生まれました。

出身は愛知県の豊橋で、本当に田舎町に生まれました。当時、ちょっと本当に珍しいですけど、私を生んだ母親と自分の父親が実は、4回結婚しているんです。同じ母親と父親で、最終的にはもう離婚しているので、今風に言えば4マル4バツと言うんですかね、そういう関係でした。

これもあとから聞いた話ですけど、生まれてすぐに母親が、父とは別の男を作って近くの境内に私を捨てて出て行ってしまった、というのが1回目の離婚だったそうです。

田舎ですから、当然「あ、この顔は…」みたいな、「糸柳さん家の達成ちゃんじゃない？」みたいな感じですぐわかるので、何とか死ぬ前に助けてもらえて、今、こんなに大きくなっちゃいましたが、そういったことがありました。

私の母親には、私が生まれる6年前にも実は、兄となる男の子がいました。ですけど、やっぱり子どもが好きじゃないんですよネ。当時のお父さんの育てたいという願いを聞くことなく、鳥取県のとある方に養子に出してしまったらしいです。

そして、色々あって6年経って私が生まれた。

その時ばっかりは自分の父親も、なんとかこの子だけは自分の息子として育てたいから頼むということで、父は母にお願いして、養子に出さずに子どもとして育てることになったらしいんです。

今お話した通り、お寺の境内の方に捨てちゃって、またいなくなってしまう。そこからは、母親は戻ってきては出ていく。多分当時、父親によく言われたのは、片親は駄目だと。昭和40年代の時代であってもやっぱり両親揃っていた方がいいとか、義務教育だけでなく、最低でも高校までは行った方がいいとかいう時代ではあったと思うんです。

そんな時に、片親も何かと不便・不憫だし世間の印象も悪いしということで、何かあるたびに母親を捕まえに行くというか、探して男と別れさせて捕まえて、自分とこまで戻して連れてきて、また再婚して、でもまた嫌なのでしょうね。また何かあると、男を作って出て行って…という繰り返しをしていたのです。そのような状況だったので、実際母親と一緒に居たことがあるのが11歳ぐらいまでで、一緒に生活していたなっていうのが自分の記憶の中では実質2年あるかな?

それくらいしかない感覚でもう本当に、母親のイメージというのがほとんどなくて、唯一今でも覚えているのが小学校の父母参観の体育祭のかけっこで、親も走る種目があるんですけど、母親がダントツに速かったのは覚えています。その時は

「お前の母ちゃんすげーじゃん！」

と友達に言われたので、何かちょっと鼻が高かったなという記憶と、あと何だろうなぁ、卵焼きが美味かったかなぁぐらいですかね。

ほとんど、それぐらいしか記憶がないです。本当にまともな会話もした記憶がないっていうか、すごく寂しい…寂しいというかそういう感情すらなかったです。

それが当たり前のような感覚でいました。

そうこうしている時、11歳の時です。学校の行事で、教育の一環として野外宿泊研修がありました。キャンプファイヤーをやったり、テントをみんなで作ったり、飯盒ご飯を作って、カレー作ってとかです。一泊二日の小学校の行事で、ちょっと田舎道の方に行っていたんです。

そこで丁度、飯盒でご飯炊いてみんな食べて、テントも設営して、最後はキャンプファイヤーで先生がギターを弾きながら歌っていました。みんなで楽しくやっているところに、先生からトントンと肩を叩かれて、

「お前の父ちゃん来ているぞ！」

と言われました。わざわざ来る理由もないはずです。

「とりあえずいいから、お前こっち来い！」

と言われて、なんか応接室みたいな所に連れて行かれて、行ってみたら父ちゃんがずっと泣いているんです。

自分の親父は、本当に昔の人は知っているんですけど、「巨人の星」という漫画がありますよね。星一徹という、すごい強い父ちゃんがいるんです。それと、そっくりなんです。眉毛が同じ感じで、もしかしたら、自分の父ちゃんがモデルなんじゃないかなというくらいそっくりなんです。イメージしてもらえると、もうその顔です。


星一徹のようなお父ちゃんですが、初めて自分の前で泣いている。

「なんで泣いてるの？」と聞いたら泣きながら、

「母ちゃん出て行った」と言う。

そう言われても、えっ？って感じなんですよね。今さらっていうか…。

「どうしたの？ 母ちゃんが出てったって父ちゃん大丈夫だよ。僕は父ちゃんの子供だから、母ちゃんの子供じゃないから、母ちゃんがいなくても全然大丈夫だよ。」
「でもお前、もう帰って来れないかもしれない。もう会わないかもしれないぞ」
「だって僕は父ちゃんさえいれば大丈夫だし、おばあちゃんもいるし、僕はもう父ちゃんとずっと一緒に居れればそれだけでいいから…」

母ちゃんのことを母ちゃんだと思ったことないし、当時小学5年生の僕が、父ちゃんの肩をポンポンと叩いて、大丈夫だよ！みたいな感じで…。

泣き止まないし、自分も子どもながらにしてあれっ？と思っていた記憶があります。本当に恐い親父が泣くのを初めて見たものですから、どうしていいかわからなかったと思うんです。ただとにかく、自分なりになんとかして、なだめようというか何とか泣いているのを治めようってしていた記憶がすごく残っています。

それで先生と一緒にその車を見送ったんです。

その後、キャンプファイヤーのところに戻ったんですけど、何だろうな？

あのときの感覚というのが不思議だなと思ったのが、キャンプファイヤーやりながら、何と言うんですかね、かげろうじゃなくて何と言うんですかね？ゆらゆらしている中に、お父さんの顔が浮かぶんです。

あれっ？と思って結果的にはそういうことだったんですけど…。


実は行事が終わって家に帰った当時、四畳半一間のアパートを二つ借りていたんです。トイレが共同でお風呂はないです。お風呂は銭湯に行っていました。四畳半一間それぞれに半畳のキッチンがついていました。そのうちの一つはお母さんが出て行ったことで引き払われていたんです。

残り一部屋のご飯食べる方のところで、父ちゃんと二人で住んでいたところだったと思うんですけど、そこに戻ってもいないんです。

お父さんがいなくて、

『おかしいな、いつ帰ってくるんだろうな？』

と思って、その日結局帰って来なくて、結構当時の父ちゃんは住み込みで建築の仕事をしていたので、働きに行って週末に帰ってくるということも多々あったので、ただいくらなんでもキャンプファイヤーに行って帰ってきて、僕がお金持っていないので、どうしよう…と思っていたんです。

御飯も米はとりあえず蓄えがあって、お味噌汁の具とか味噌とかもあっておかずも少し冷蔵庫にいくつか入っていて、そういうような環境で、お母さんが居ない時が多かったので、ある程度お米研いだりとか、おかず作ったりとか、味噌汁作ったりはもう出来ていたんです。

それで、余った材料を使って作って食べていたんですけど、2日かな？2日か3日ぐらいずっとそんな感じで過ごして、独りで学校へ行って帰ってきては、

『今日も帰ってこないな、おかしいなー』

と思って、またご飯作ってという感じで、ずっと過ごしていました。でもお金も持ってないし、食材も全部尽きて、これはちょっとまずいなと思って、それで親戚のおじさんのところに電話したんです。

「実はキャンプファイヤーから帰ってきてから3日〜4日目ぐらいになるんですけど、母ちゃんもいなくなって…。母ちゃんがいなくなったのは父ちゃんから聞いたんですけど。…。父ちゃんも帰ってきたらいないんですよ…」

そうしたらめちゃくちゃ怒られました。

「もっと早く電話しろ！大変だな！それ…。ちょっと（うちに）来い！」

みたいな感じになって、そこから親戚会議です。

今、児童養護施設といいますが、当時は【孤児院】です。古くは戦争の孤児を預かる時代から続いている状況だったので孤児院と言われていて、いろんな理由で親御さんがいなくなった孤児を引き取るところ、そういった孤児院に預けるのか、親戚の親父のお姉さんが一人いて、弟が二人いてその親戚のおじさんところに預けるのかどうするか？という段階で親戚会議がありました。

豊島区倫理法人経営者モーニングセミナーの講話前の著者

一番下の弟、親父から6歳離れた弟がいて、その叔父さんがめちゃくちゃ優しいいい叔父さんで、叔父さんが家で預かると手をあげてくれました。

自分はその親戚の中で一番好きな叔父さんだったので嬉しかったんです。

「本当にいいの？」と訊くと、

「いいよ、いいよ」と言ってくれました。

そこの叔父さんのところには、自分と同い年と年子の男の子の2人兄弟がいて、一番仲いい従兄弟だったんです。

僕は長男の長男だし、年齢も近いし、やっぱ田舎ですし、長男系の長男はちょっと偉いみたいな勘違いがありました。長男の家にみんな集まっていろんな振る舞いしたりするじゃないですか、なのでちょっと子どもながらにしても偉そうに多分していたんでしょうね。それでもやっぱり一緒に遊んでくれる従兄弟がすごく好きで良かったんですけど…。

その従兄弟の家に行くということは、今から思えば居候だったんですよね。当時は、ただ一緒に住むというだけで多分感覚的には最初、僕は「長男の長男がいてやるぞ！」くらいのつもりでいたのかもしれないです。

そしたら、行ってみたらですね、ビックリするぐらい寂しい…。

まず住む所、自分の部屋が、階段の軒下の物置みたい所、多分、半坪とか本当に畳一帖ないぐらいのスペースに裸電球つけて「お前、ここな」と言われて…。

家に叔父さんがいないときに、義理の伯母さんに、

「あなた、ここで寝なさい。あなたは、ここでお世話になるんだからちゃんとね」

と言われました。

掃除もしなきゃいけないし、後片付けもしなくちゃいけないし、これとこれとこれとこれとこれをやりなさいみたいな紙を渡されて…、

ちょうど階段の斜めのところに貼らされたんです。やることとリストみたいな掃除リストとお片付けリストみたい、それをやらないと、あなたはゴハンをあげません、と言われました。

僕は、食べるのは大好きなので、食事を減らされるわけにはいかない（笑）。食わなきゃいけないないなと思って、「分かりました」と答えるしかありませんでした。


お風呂も、叔父さんが最初に入って、子どもたち従兄弟の二人が入って、伯母さん入って、自分が最後に入ります。こうなると、夜9時半とか、10時ぐらいになります。もう眠いんですよ。眠いんですけど、それをやらないと、ご飯が食べられないと思っていたので、お風呂のお湯を抜いて洗って全部綺麗にして帰る。あと洗濯物も最初の日なんか洗濯してくれないんじゃないかと思って、最後お風呂場で自分のパンツとかシャツとか洗っていたんです。

さすがにそれは、「洗濯機に洗濯物を入れなさい」と入れてくれて伯母さんがやってくれたんです。『洗濯は、やってくれるんだ』と思って、すごく嬉しかった覚えがあります。

一番辛かったのがご飯。

最初の日だけです、結構、豪華なご飯食べさせてくれたんです。

『あー、すごいな、ちゃんとした家は、こんなにおかずもあって…』

刺身とか初めて食べたんです。これが刺身っていうんだと思いました。本当にいつも卵焼きとかお新香とか味噌汁ぐらいしかなかったので、

『こんなにおかずってあるんだ！』と思って、すごく満足していたんです。けど2日目からは…。従兄弟たちのおかずは一人5～6品ぐらいあるんです。タコさんウインナーもあって、あれ憧れですから（笑）。卵焼きもあって…。お刺身もあって、ちょっとした漬物もたくさんです。でも自分のところを見ると、お新香と味噌汁とご飯しかない、『ウワっこれ…冗談かな？』と最初思ったんですけど、伯母さんの目がマジで怖いので多分…、こういうことなんだろうなと思って…。そこで初めて僕は『お世話になっているんだ。居候なんだ』

というのを初めて知って、あーこういうことかってわかりました。

最初の日に、勇気をもって、お腹空いているので
「おかわりってもらえるんですか？」

と訊いたら、キィっと睨まれて
「ナイッ！」

と言われたんです。でも従兄弟たちはおかわり貰っているんです。『あっ、そっか…、ご飯が本当にないんじゃなくて、僕に食べさせる、おかわりのご飯がないんだ』という言い方なんだと知ったんです。

そういう「ない」という言い方もあるんだなと思って、大人の「ない」は難しいということも、その時学びました。

そこからそれでも食べさせてもらえるとか、お風呂も入らせてもらっているし、少なからず狭いとはいえ、寝かせてもらえるところがあるだけでよしと思わないといけないとは思っていたんですけど…。それが、毎日毎日毎日毎日続くと、もうめっちゃくちゃお腹も空くし、子どもながらにしても、『もう、これ何だろう？』と思うわけです。

当時の楽しみ、給食しかないんです。給食で友達の牛乳嫌いな子の牛乳を貰ってたくさん飲むとか、余りそうなおかずを全部食べるとか、給食当番をなるべく自分がやるようにして、自分の分は大盛りにするとか、そういったセコイことをやりながら、なんとか夜の…朝夕の、食事の少ないのを給食でカバーするのが唯一の楽しみな感じでやっていました

2. 衝撃の一日

小学校5年生の終わりぐらい、年が明けて翌4月から小学校6年生っていう頃だったと思うんですけど…。ハッと思い出すんです。

『そういえば！』と思って、僕の誕生日が5月なんです。

5月の誕生日には、毎年毎年お父さんが本当に貧乏ながらも、当時でいうバターケーキを買ってきてくれました。ケーキといえばバターケーキで、まあ美味しかったんです。あと、ちょっとしたおもちゃやお菓子を買ってくれて、ほんとささやかながら自分の誕生日を祝ってくれる本当に優しい父親だったんです。

なんで居なくなったか分からないけど、絶対にその父ちゃんが、誕生日には帰って来るんだろうなと思って『あっ、そうか！誕生日に帰ってくるには、父ちゃんが住んでいたところ…、僕がいなかったら帰って来れない？』

と急に頭に浮かんだんです。お父さんは、絶対戻ってくるから、なんとかしなくてはと思って、叔父さんにお願いしました。

「あそこに僕一人で待って父ちゃんの帰りを待つ」と言ったんです。

実は四畳半一間のアパートを引き払ってなかったらしくて…。

今から思えば、伯母さんがすごく嫌だったっていうのもあると思うし、

『もしかしたら、父ちゃんが誕生日当日に帰ってくるかも…』

『もしかして、もっと早く帰ってきたかったんだけど自分がいないから、帰っちゃったのか?もう一回、どっか行っちゃったのかな?』

とかいろんなことが頭に浮かんで、父ちゃんが帰ってくる場所に僕が居なきゃダメだって思って、少なくとも誕生日には、絶対に帰ってくるってもう思い込んでいたんです。そこをすごくいろんな多分言い訳しながら、叔父さんを説得したと思うんです…。


叔父さんは叔父さんで、もう本当にあの伯母さんが恐い夫婦関係であったので、そういった自分が虐げられているのを見ていて「すまんなすまんな」と時折、本当に内緒で外にご飯に連れて行ってくれたりはするんです。

「お前の気持ちは解る」と「何とか、（妻に）言っておくから…」と言って、もう1回あのアパートの方に住まわせてもらったんです。

でも自分も子どもだったんですけど、叔父さんに迷惑かけたくないと思って、アパートの家賃であったり電気代であったりとか、例えば給食費だったりとか、自分でもある程度想像がつきます。お金、生活費がかかる、結局自分で稼いでないから叔父さんに面倒をかけました。

言い方が良くないかもしれないけど、伯母さんの言うことも聞かなくてはいけない、それを我慢しなきゃいけないのは、結局自分が働いてないからだと思いました。

たまたまその時、小学校のクラスメイトが30〜40軒ぐらいですかね、小さいお小遣い稼ぎ程度で1ヶ月3千円か4千円ぐらいの新聞配達のアルバイトをしていていました。3千円4千円だと流石に1ヶ月生活はできないんです。

いくらウン十年前であっても、その友達の方にお願いして、1回ちょっと面接じゃないですけど、そこの販売所に行って、紹介してもらって、2回新聞を取りに行って配って、また詰めて取り行くって言うのを繰り返してもう、120〜150軒ぐらいかな、結構な部数だったと思うんですけど、それで月4万5千円ぐらい貰ってそれで生活をしました。

これが出来ることが分かったので、それを叔父さんに言って、叔父さんには、「今まですごくお世話になったけど、これ以上おじさんに迷惑かけられないし、自分で何とかやるから大丈夫だよ。父ちゃんの帰り自分でやりながら待つよ」ということで、ずっとやっていました。ただ…、朝がすごく早いですよ、2時半起きぐらいです。2時とか2時半に起きて、新聞詰めに行って、当時は今みたいにチラシがないので、そんな量ではないですけど、大人の自転車を三角乗りして…。

三角乗りが結構きつく。あと上り坂も手で漕ぐしかない。自転車もすごく重いし新聞もすごく重い、もうとにかく重くてしょうがないです。冬は寒いし夏は暑いし…。これもすごく嫌だったというのはありましたが、それをやらないと、また叔父さんに迷惑かけてしまうというのがあって…。

ある程度慣れたなっていう頃に

「そういえば、もう父ちゃんもうすぐ帰ってくるし、誕生日だし…」

と思って、父ちゃんのためには何とか色々と少しでも自分も成長したところを見せなきゃいけないなと思って、ああいう話をしよう、こういう話しをしようとか思っていました。

自分の中ではもう完璧に帰ってくるって信じきっていた

ので、友達にも言いふらしていました。「父ちゃんが漸く帰ってくるんだぜ！」

あとは親戚の子たちとかアパートのおばちゃんとか同級生とかみんなに言いふらしていました。

「ようやく帰ってくるんだよ」とか言って、嫌な奴がいたら、

「父ちゃんに仕返しさせるから…」みたいな、もう帰ってくる前提でザーって言っていたんです。

誕生日当日までになんとかしなくてはと思って、折り紙で綺麗にカラフルに作って、男の子がやるようなことではないのかもしれないけど、自分なりにちょっと教わって…。飾り付けをしたり

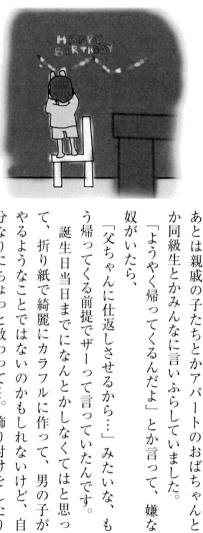

とか、一生懸命掃除したりとかして…。

誕生日当日、新聞配達終わって、学校行って、終わった瞬間ワーって家に帰って、もう父ちゃんいるんじゃないかな？と思ったら、まだ帰ってなくて、あれ？まだ来てないな…、何時に帰ってくるのかな？そのぐらい楽しみに待っていたんです。

5時になっても6時になっても、父ちゃん帰ってこないなーって時に、ガラガラ！っと音がして、

『あっ、来た！』と思ったら…、担任の先生だったんです。

当時の担任の先生、学校の先生になって1年目かな、本当に新任の先生で23歳か24歳ぐらいの若い良い先生だったんですけど

「おお！お前今日誕生日だろう！」

と言って紙袋にいっぱいチョコレートとかお菓子たくさん持って、

「今日、パチンコで勝ったから、これやるよ。誕生日だろう！」と。

嬉しかったんですけど、自分の中ではお父ちゃんがその後ろにもうすでに来ているんじゃないか？とか、もう父ちゃん来るってみんなに言っているし、自分も思っ

ているから、何で来ないんだろ?まだかな?と思っていました。

先生は先生で、クラスメイトやいろんな人から、

「糸柳はさー、父ちゃん来るって今日言ってるけどさー、多分来ないと思うぜ」

みたいな話を聞いていたんでしょうね。今から思えばなんですけどでも…。

※講話中のZOOM画面、話の内容のイラスト

先生は、『それじゃ、もし、父ちゃんが帰って来なかったら、あいつ絶対にショック受けて寂しいだろうな。だとしたら俺がどうできるかは分からないけどお家に行ってやる』と思ってくれたんでしょうね。

にもかかわらずですよ、自分は先生と将棋指していても、何か話しても上の空で、とにかく父ちゃん、父ちゃんどこ?みたいな感じだったです。

本当に朝早くて新聞配達もしてすごく眠くていつの間にか寝てしまいまして、パッと目が覚めたらもういつも起きる2時の直前で、やばい間に

合ったと思ってそしたら、もう先生もいなくて、それなりに後片付けもしてくれていました。それよりもなによりも父ちゃんがやっぱり来てなくて、『あれ？僕の誕生日についに来なかった。僕が生まれて初めて誕生日、父ちゃん居なかった…』。

すごく悲しかった、でももう新聞配達の準備があるし新聞配達とりあえず行こうとパーっと行って帰ってきて、帰ってきたらいるかも…なんて思って帰ってきたらやっぱり居ないです。

そこで初めて、自分の中でなんか、なんだろうな、降りたというかすっきりしたんじゃないだろうな、なんて言うんでしょうね。開き直ったでもないし、何て言うんですか、言葉が見つかりませんが、自分の中で何かがあったんです。

「もう親父、帰ってこないんだ。もう会えないんだ。俺は、もうこのまま一人なんだな」

というのに初めて察したっていうか悟ったっていうのかな、それが小学校六年生の5月18日です。**それが自分の中で一番、衝撃の一日**だったです。

だから新聞配達が終わって学校へ行ったら当然のように友達に言われるわけです。

「お前、父ちゃん帰ってきたの？」みたいなイジメじゃないですけど、

「どうせ帰ってくるわけないだろう」という感じで言ってくるわけです。

でも、もう自分の中でなんかもう悟っているので、

「帰ってこなかったよ」「やっぱり帰ってこないんだ」

みたいな感じで言われても、

「うんまあでも、いいんだって、俺もう一人で生きていくからいいんだ」

と返していたら、それ以上友達もツッコんで来なくなっちゃったんです。

相手も、つまんないでしょうね。本当は悔しがったりとかあれば、もっとそれをネタにわーって言いたかったんでしょうけど、友達もそれ以上言ってくることもなく、そこからはすごく冷めた子になっていたというか、どこか達観しているというか、同級生が子どもに見えるというか…でした。

それで、ただ淡々と早く義務教育が終わらないかな、それだけです。もう義務教育が終わって、就職して早く一生懸命大人になっていきたいなって思っていました。

いつか自分の力で（父ちゃん）探したいなと思っていました

3.「高校には行け」と言われ

あまりにも自分が幼すぎてやることができなさすぎて、力が無さすぎて、とにかく早くこの時が過ぎないかなーという思いがすごく強かったというのを覚えています。そこからずっと、新聞配達をしながら本当に淡々と小学校、中学校を終えたんです。

もう中学校を終えて、就職する気満々だったんです。

そしたらですね、当時住んでたアパートが自分の4つ5つぐらい上のお兄さん、多分中卒で近くの紡績工場で働いている若いお兄ちゃん達がいて、本当にお世話になっていたんです。ご飯をご馳走してくれたり、当時人気のピンクレディーのコンサートに連れて行ってくれたり、潮干狩りに一緒に連れて行ってくれたりとかです。まあ本当に優しいお兄ちゃんお姉ちゃんでした。そのお兄ちゃんお姉ちゃん達に、

「僕、中学卒業したらお兄ちゃんとお姉ちゃんのように紡績工場じゃないかもしれないけど、どこかで就職するんだ」

という相談をしていました。そうしたらみんなに、
「達ちゃん…、ダメだよ。今の時代は本当に高校ぐらい出ておかないと、絶対将来苦労するからね。私たちは高校行っとけば良かったと、今でも思っているくらいだよ。とにかく絶対、高校には行っときな！」と言われました。

豊島区倫理法人会で講話をする糸柳氏

アパートの大家さんにも、お世話になっていました。子どもがいて年齢も自分と近くて色々と助けられました。家賃を少し待ってくれる時があったり、おかずを持ってくる時があったり…、大家さんのところのお風呂がすごくでかいので、銭湯行くお金がない時に大家さんのお風呂使わせてくれたりとか…。その大家さんにも、
「絶対に高校は…。大学はね、大変だよ、お金かかるかもしれないけど高校は本当に行けるから、高校は行っときなさい」
と言われました。

誰に相談しても「高校は行っときなさい！」と言われて、自分の中では、少しでも早く卒業して働きたいと思っていたのですが、意外なくらい皆、高校行け！高校行け！とうるさいんです。

でも高校といって当時、田舎なもんだから、滑り止めの私立はお金が掛かるから無理、お金の掛からない県立の高校しか・・・。だから県立の高校の中でも一番偏差値の低い高校を受験しようと。

名前出しちゃうと問題があるかもしれませんが、地元の工業高校がありまして、その工業高校だけ先生に受けますと…。一応滑り止めの私立は受かったとしても受かったっていうか、お金さえ払えば行けるんですけど、

「お金がないのでそこは行けません。県立の高校だけ受験させてください。もし受験に落ちたら、僕働きます」

と働く気満々でいました、

もう、勉強も全然していなかったし、全然勉強できる子じゃなかったですし、落ちるだろうなと思っていました。ただ自分の父親が建築・土建関係の仕事をしていたので、よくその現場に連れていってもらっていて、現場のいろんな仕事を手伝っ

ていました。多分、一級建築士を持っていたので、よく現場監督とか設計とかデザインもやっていたので、当時一級建築士を持っていて、なかなか今から思えば凄かったんだと思うんですけど、当時自分は分からないですよね。

どこかで親父と同じ関係の仕事をしていると、もしかしたらどこかで会えるんじゃないかな?と思って、とりあえず工業高校の中にも機械科とか繊維科とかいろいろな科があるんですけど、建築土木科を選んで、もし受かったらその道に進もうと思いました。そして、いつか父ちゃんと会えたらいいなという思いもあって、この受験をさせてもらいました。

落ちると思っていたら、なんと奇跡的にも受かったんです。ギリギリだったと思うんですけど、無事にその地元の工業高校の建築土木科に行くことになりました。

いくら県立とはいえ、入学するのに、入学金とか授業料がかかりますよね。その時にまたびっくりしたのが、僕が全く知識なく知らなかったんですけど、学校の担任の先生が入学金免除の手配も授業料免除の手配もしてくれていました。なおかつ、日本育英会から奨学金の手続きもしてくれていました。自分の場合、県立高校だったので月々8千円でした。毎月8千円を借りられるというのはすごく大きくて、高校に行くと新聞配達しなくても、まあまあ結構稼ぎのいいアルバイトができるので、ようやく新聞配達も解放されるな！なんて思いながら、そういった形で先生にも援助してくれていました。

自分が何も知らないところで、周りのお兄ちゃんやお姉ちゃんや大家さんや同級生や同級生の友達や学校のいろんな生活指導の先生だったりとか、特に担任の先生だったりとか本当に、いろんな方にたくさん援助してもらっていて、有難いなと思うことがたくさんありました。

おかげで無事、高校に入って高校も卒業することができて、もうとりあえず「東京行こう！」と思ったんです。

4. 父との再会

その頃にはもう、18歳ぐらいにもなると、自我も目覚めていますし自分が何やりたい　これやりたいっていうのが生まれてきていました。

実は自分は卒業して最初に、東京の劇団に入ったんです。役者を目指そうと思ったんです。なんで役者になろうかと思ったのかは、顔がいいからではないですよね、分かる通り、そういうのはないです（笑）。

ただなかなか、そういった環境だと、おまわりさんになりたいとか弁護士になりたいとか、例えばパイロットになりたいとか、小さい頃に紙に書いた色んななりたい職業に、当然なれる状況・環境ではなかったです。でも、役者になると、自分がなりたい、やりたいって思ったことが「役」としてできるから、これはもう最高の職業か

上京してバイトしていたイタリアンにて

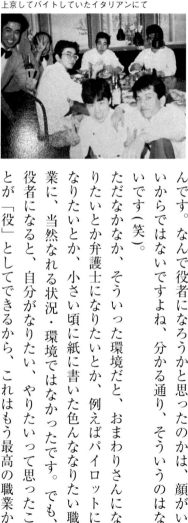

など、自分の人生ではなくても役者としていろんな人生を学ぶことができたら、それはそれで自分の経験値だし楽しみなのかなと思って、役者を目指しました。

役者も24歳ぐらいまでやりました。

これ話すと、本当にあと2時間ぐらい掛かかるので今日は、話せないんですけども…。実は、釣部会長の方にもお願いしていますが、小説の方にはかなり詳しく書いてあるので。こちらが発売されたらぜひご覧頂きたいなと思います。


ちょっと役者は無理だなぁと思って、24歳の時に役者をあきらめて就職しました。就職して少したってから、ある時、その就職先の会社に電話が入ったんです。どこから電話入ったかな?と思ったら静岡県のとある病院からでした。

電話が入っていて取り次いでもらって
「もしもし?糸柳です」と応えたら、

「〇〇病院です。実はあなたのお父さんが…今、入院しています。街で行き倒れていました」と言うんです。

倒れて担ぎ込まれて今入院していますということで「えー!」と思いました。

講話をする糸柳氏

実は高校を卒業してから、お袋の戸籍を追いかけて探しましたし、親父は住所変更してなかったから探しようがなかったんです。自分から探せるところは全部探したりとか色々な縁を頼って色々聞いたりとかしていたんですけど、一切自分から見つけることはできませんでした。少なくとも、親父から自分を見つけることが出来るようにと思って、要は転出転入届だけはちゃんとしていたんです。それが良かったのかなと思うんです。

今でいう看護師さんですかね?当時は看護婦さんと言って…、もしくは病院の事務局の方かもしれませんが、「お父さんがいます。とにかく来れますか?」と言うわけです。

勤めている会社の上司の許可を取りまして、慌てて病院行ったら…、いたんですよ、「星一徹」が…、ガリガリの星一徹(お父ちゃん)がいたんです。

もう多分、彼のピークは小さい頃の子供の記憶だと多分159㎝ぐらいで60kgぐらいかと思うんですけど、がっちりした感じの星一徹だったんですけど、その時の体重は、後から聞いたところ35kgぐらい、もう骨がガンで溶けていて、本当に内蔵の一部も脂肪も何もないんです。

その時はレントゲンも見せてもらいましたけどビックリ。よく生きてるなって思うぐらい骨も脂肪もないのです。それでも、脳は全然ボケていないし、目も見えるし喋れるんです。いや、もうビックリしました。

もちろん、面影は残っています。ガリガリですけど

「父ちゃん、僕だよ、分かる?」

「タツかタツか?」

「そう達成だよ、分かる?」

「よかった…元気でいたか…」

「父ちゃんこそ…。ホント会えないと思ってたよ」

「そっかそうだよな…、すまなかった…」

とにかく「すまなかった、すまなかった」と、10回以上言うんです。そう、何回も何回も…。

実は、いつか父ちゃんに会ったら聞きたいことがあって…。

「何であの時に僕を置いてってちゃったのかな？」

「自分は当時、本当に父ちゃん子というか、父ちゃん大好きで本当にもう父ちゃんとさえいればすごく楽しくて幸せで…」

すごく好きだった父ちゃんが、急に僕に何も言わず置いて行っちゃったもんだから不思議だなぁと思ってどうしても聞きたかったんです。

「なんで捨てて行ったの？」

母ちゃんは別にどうでも良かったんです。父ちゃんに捨てられたのが、すごく悲しかったし理由を知りたかった。

それが11歳の時で、父ちゃんに会えたのが29歳だったので、18年ですかね。

18年ぶりに、ようやく父ちゃんに会ってそれを聞きたかったはずなのに、実際その35kgの父ちゃん見たら、なんかもう…聞けなくなったっていうか、会えたことの方が圧倒的に嬉しくて…。

絶対に会えるなんて正直思っていなかったので、こんな事ってあるんだなと思いました。「本当に、神様っているんだな」というか、「一生懸命、誠実に生きていればこういう奇跡って起きるんだな」と思いました。

だから本当父ちゃんと取り留めもないというか、

「僕、今こういった資格持ってるよ」

「今、こういうとこで働いててね」

「お前、女いるのか？」

「彼女いるのか？」

「いやいないよこれからだよ」

「ここの看護婦さん紹介してやるよ」

「言っといたから何人かに」

とか、くだらない話をしていました。

とにかく18年ぶりでした。
病院の先生曰く、あと一日二日、生きられるかな…っていう状況でした。
結果的には、3日間だけ休み取って…。そこに二泊、簡易ベッドを置いて、色んな話をさせてもらって、結局一度も
「何で俺を捨てたか？」とか
「あの後、父ちゃんどうしたの？」とか

自分が本来訊きたかった質問が沢山あったんですけど、一つも訊くことなく、ただ父ちゃんと一緒にいる事だけがもう…自分の幸せというか、これだけで本当に凄く自分って幸せなんだなーと思いました。しばらく忘れかけていた「幸せ」っていうのが一つ見つかった気がして、それですごく満足しました。

　上司と3日間だけの約束だったので、戻りました。

次男5歳の七五三の日に夫婦で撮った記念写真

　仕事もあったので、その後、戻った翌日には、父は亡くなって、葬式には、参加することなく葬儀等は親戚の叔父さんが全部やってくれました。でも自分の中では、本当に会えないと思ったことが会えて、会えたことの奇跡が、すごく嬉しくて…。

　そこからもうほんと色々ありました。

長男が2歳くらいの頃家族で乗ったボート

奥さんと結婚し今は、私56歳、もうすぐ57歳になりますが、実は、7歳と5歳の子どもがいます。この歳でこれだけ小さい子がいると可愛くてしょうがない。

自分の中では、今まで人生を振り返ってきて年齢もそれなりに重ねてきて思ったのは、本当に人との繋がりっていうのは、よく聞く話ですよね。

ただ人との繋がりを大切にという話ではなくて、本当一人ひとり出会った人に対して、自分がどれだけ誠実に対応できたのかなとか思います。自分も悪いこと沢山したと思うんです、

でも誠実に一人ひとり対応すると、ちゃんと自分に返ってきて自分の幸せのピースがどんどん埋まってくというイメージを感じるように、ようやくなりました

5. 5つのバランス

今、自分で言っていて、偉そうに言っているなー思って、すごく気になっちゃうんですけど…。

本当に、昔は失敗ばっかりしていて、欲の塊でお金儲けたくさんしたいとか、自己顕示欲の塊で偉く見られたいとか、そんな欲をやっている時って、どんどん幸せのピースが剥がれていく。そういう思いを抜きにして、欲を無くして相手のためとか、人のためとか無心でやっていると、結果がどんどん良くなる。不思議と幸せのピースが埋まっていくというイメージだということに気づいて、ようやくそれをお話しできる機会が出来たのかなーという気がします。

最後、まとめになると思いますが、皆さんはいろんな仕事をされていて、例えば、「幸せになろうと思ったら、お金だよ、やっぱりお金がないと幸せなんて得られないよ」という人がたくさんいます。

モニタリングに出た糸柳夫妻

でも、お金がどれだけあっても、例えばそれを使う時間がないとか、お金を有効的に使えないとかお金を使う仲間がいないとか家族もいない友達もいないってなると、寂しいじゃないですか？

お金だけあっても、幸せにはなれないことは、多分「倫理法人会」で学んでいる方だったら、全員知っている筈なんですよ。

もう一般の方でもかなり気づいている筈です。お金だけじゃだめだよ、お金はある程度最低限必要かもしれないけど、お金だけあっても幸せになれない。

また、時間って大事ですよね。だから一生懸命、仕事仕事仕事仕事で家庭も顧みず、友達とも遊ばず、趣味も持たず、ひたすらもう、ガーって頑張って仕事ばっかりしていて時間が一切ない方って、たまにいらっしゃるじゃないですか。

でも時間が全くない方っていうのも多分幸せを感じてないのかなっていう風に思

います。

なので、自分の中で、特に時間はすごく大事だと思っているので、時間＝お金とか、もしくは時間はもっとお金よりも価値が高いぐらいに、自分は思っているぐらいなので時間を大事にしましょうね！

では、お金も時間もあります。幸せですか？と言ったらそうでもなくて、仲間とか自分の場合家族とか今日も、会場に来てくれましたが、友達とか素敵な同士だったり、呼び方は何でもいいんです。兄弟でも良い、友達でも、家族でも良い。そういったある程度共有できる仲間と過ごす時間が大事なのかなと思います。

家族で浅草へ

仲間もいます、友達もいます、家族もいます、お金もあります、時間もあります。でも、「目標がない、夢がない、目的ないです」となったら、やっぱり人生の張りもないし、つまんないのかなと思います。小さくてもいいから、何かしらの目標はあったほうがいいんじゃない?夢叶えなくてもいいよね、でもなんかちっちゃい夢たくさん持っているとワクワクしませんか?

それで小さい夢を限られたお金でもいいよ。少ない友達や仲間でもいいよ。少ない時間でもいいよ。小さい夢でもいいよ。それをみんなで夢を叶えるだけで幸せって感じるよねって自分は思っています。

なので、**大きなお金、大きな時間、大きな…友達・仲間、大きな志・夢はいらないんです。バランスよく、小さくてもいいですから、何かしらの夢、目標があると、すごく人生ワクワクして、それを一緒に仲間と共に過ごすことがすごく幸せを感じられる時間になるんじゃないかと思っています。**

最後に一つ、そうは言っても、健康じゃないとだめですよね。自分の体は自分が一番わかっていると思うし、やっぱり無理しすぎて脳梗塞になるとか、何かなると今、特にコロナで厳しい時に、手洗い・うがいもそうだし、マスクもそうだし、そういうの色々気をつけたい。罹るときは罹るんですけど、自己免疫力を高めて、なるべく自己免疫で解決できるぐらい健康になりましょう。

健康じゃなかったら、どんなにお金があっても、どんなに時間があっても、どんなにいい仲間がいても、何かあったら、そういった仲間を悲しませるだけじゃないですか。そんなつまんないことはやめませんか? とにかく健康を意識しましょう。

俺、金はそこそこあるけど友達いないな…とか、たくさん仲間いるんだけどいま時間が取れてないな…とかなんか俺の夢考え…大した夢ないな金儲けしかやってないなとか、多分一つ何かしら、こう本当にその**5つのバランス出来ているのかな?**と、考えてもらって、**小さくていいから、そのバランス良くです。**

長男の2歳の誕生日のお祝い

健康にやっていくことが、先ほど言った幸せのピースをどんどん埋めていって、すごく楽しくワクワク幸せな人生を送れるようになるんじゃないかなと思っています。ですので、今、僕もどんどん色んな仲間、友達家族も含めて増えてきて、そういった人たちと色んな事にトライしているんです。

100㎞を完走した糸柳さん達

チャレンジさせてもらっていて、それがすごく楽しくて楽しくてしょうがなくて多分本当、人生色々ありましたけど…。今こういった倫理法人会でお話させていただける機会もすごく幸せを感じています。

工藤さんと久しぶりにお会いできたのも幸せを感じているし、今、ワクワクが止まらない感じなんですよ。

正直言うとこういったワクワクって、幾つになってもあるんだなと思って、そういった幸せを皆さんも是非感じながら、生きてみてはいかがかな？と思っています。

今日はちょっと長い時間になりましたけど、お話する機会をいただきまして、ありがとうございました。

【第二部】

節目節目の人生

幸せのカタチ

幸せって、何だろう?
私の思う幸せのカタチとは

後編

講師　(一社)倫理研究所 豊島区倫理法人会相談役
法人局 法人スーパーバイザー
工藤 直彦 氏

◎◎◎◎◎

糸柳氏と同年代の工藤直彦氏（哲学の私塾を主宰、心理学、ファシリテーション、中国哲学を学んでいる、現在は、ミュージシャンの派遣・ライブの企画運営）がお話を聞いて、経営者の心の変化に注目し、成功に拘らず幸せになる心の在り方について語っています。

（※紙面及び内容の都合上、すべてを掲載しなったことをご理解ください。）

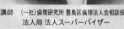

1．父親の墓を建てて、分かったこと

はい、皆さんこんばんは、お世話様です。糸柳さんと私、タメに見えますかね。ちゃんと外見的に、学年一緒なんで…。この間もね、ご一緒した時に、「木綿のハンカチーフ」とか、その時代、その時代まさにピンクレディーでした。あの頃は、クラスメイトの女の子たち、全員がピンクレディーの振り付けできたんですよ。そういう時代でございます。

僕ね、糸柳さんの話伺っていて、つくづくすごいなって思うのが、恨み節が全然ないんですよ。これはすごいよね！本当にすごいと思います。

普通で考えたら、このような境遇になったら、「なんだよ！ふざけんじゃねえよ！」と、「なんで、俺ばっかり…」という言葉が出てきてもおかしくないですよ。

今までの人生の中で、そう思った瞬間は、もしかしてあったかもしれないけれども、50代半ば過ぎてきた時に、そういう言葉が一言も出てこない。すごいなって思います。

糸柳氏の講話を聴いて：工藤直彦氏

幾つかポイントは、あるんですけれども今日、私台本作って来なかったんですよ。

私の講話、聞いたことある人は結構いっぱいいると思うんですけど、私はもうびっくりするほど、細いレジュメを作って、時間内に収まらなくて、結構みんなに叱られながら講話をするというパターンなんですけれども、今日は、あえてレジュメを用意しませんでした。糸柳さんのお話を伺って、僕の心がどう触発を受けてどう動き出すか、それに任せて喋ろうと思って、今日臨んでました。もちろんメモはいっぱい取らせていただいたんです。

今日、一部の人知っているかもしれませんが私の子どもの時の話をしたいと思います。

私は糸柳さんと逆で、父が大嫌いでした。しかも毎晩一緒にいたので、本当に大嫌いでした。嫌いで嫌いでしょうがなかったです。

工藤家代々っていうのは、男子直系は、頭がいいんですよ、変な話ね、知能指数が高い一族なんです。自慢に聞こえたらごめんなさい、でも本当にそうなんです。

大して勉強もしないのに全部が解っちゃうような、そういうような一族です。だからまあ勉強できる一族だったんですけれども、だから「勉強ができてしまう」。だということが大嫌いだったんです。当然、答えが解っていても、答案には全然トンチンカンなことをわざと書くとか、当てられても全部わかるんです。だけれども「わかりません」とか言ったり、そんなような子でした。

私はその学究肌という、血が大嫌いだったので、スポーツと音楽ばっかりやっていました。私は水泳、一生懸命やっていたおかげで仙台育英学園から立正大学とね、両方とも強い学校ですけどそこに行くことはできたんですけど、今は音楽の仕事をしてます。でも、個性（タチ）のない事って、頑張っても芽が出ない。

僕水泳大好きでね。練習も好きでしたけれども、あのスポーツ学校ってその筋の連中が集まってくるので、あのタチのあるやつばっかりが集まってくるので、一生懸命努力しても、ちょこちょこっとしか練習してないやつに敵わないんです。とても惨めでしたね。

音楽もそうです。音楽も天才ゴロゴロいます。プロのミュージシャンなんて皆天才です。そういった中で、ちょっとやそっとギターが弾ける。歌が歌えるピアノが弾けても、そんなのは並でございます。

柳さん僕の演奏を聴いたことあるよね。下手ではない。普通に相当上手いと思うんだけど、でもそれはプロ達の中に入ったら並です。とても残念ですよね。

私はその親祖先から受け継いだ個性（タチ）というのがわからずに、ずっと混沌として40歳ぐらいまで生きていました。何をやっても中途半端、何をやっても、頑張ることは嫌いじゃなかったので、中の上ぐらいにはなるんだけれども、何か天分を得たような花の開き方はしなかったんです。

でも面白いことに、親祖先から受け継いだタチっていうのは、自分の中にちゃんと流れていますから。なんだかしんないけど、論語の本を出させていただくことになったり、ＰＨＰから友人との共著ですけど、論語の本を出しています。

普通に考えたらすごいですよね。後は倫理法人会でも、今、スーパーバイザーという、人に倫理を教えるという立場になっています。

今、東京都で一人しかいませんからね。割合で言うと、会員のうちで千人に一人いるかいないかっていうのがスーパーバイザーです。だからそんなことをやらせていただいてでいますが、すごい努力したかって言うとそうでもない。倫理が好きとか哲学の好きな人と同じぐらい、ちょこっとかじったくらいです。やっぱりタチに蓋をしていると上手くいかないのかなって、これはこの歳になったから少し感じているとことで、糸柳さんのお話を伺いながら…。

私は、何ていう幼少時代を過ごしてしまったんだろうなあって、たまらない気持ちでおりました。なかなかね切ないものがありますよね。

全く同学年で同じ時代を過ごして、かたやね、親と縁が薄く育ちながらも親を恨むことがなくお父さん大好きで、私はいつも親とは一緒にいました。家族いつも一緒にいましたけれども親を恨んで育ってしまった。何だったんだろうと思います。

父は暴飲暴食がたたったんでしょうかね？ストレスが強い生き方をしたからでしょうかね？63歳で死んでしまいました。

今で考えたら早いですよね。もう今の私の年齢で考えるともうそこら辺です。この年代で死ぬのかって感じですよね。大腸がんが…最後はもう全身癌が転移してしまいまして、亡くなったんですけれども、本当に色々、思うことがあります。

私は父のことが大嫌いだったので、父の墓を俺が立てると宣言して、父の墓を建てました。

当時は私証券会社に勤めていたんですが、一部上場のそこそこ大きい証券会社で福利厚生がいい会社だったんです。普通に勤務している社員には、無利息無担保で若干金利が付いてたかもしれないけど、社内融資制度があって、お金を借りられて、お墓を建てる事をして…。

正直いうと、非常に不遜な態度・思いで作りました。そんな墓なんですけれども、自分が建てたお墓ですから、汚れているのが嫌で、時々行って、お掃除していたんです。でも、これもまた親不孝なお掃除の仕方で…。

親不孝者のお墓参りでも墓磨きでも、お墓掃除で墓を磨いているうちに、何か分かっちゃったんです。

墓磨いて、解っちゃったんです。父の思いが…。ピピっと来ちゃった、そしたら、なんかね…親父も大変だったんだよなって思った時に、父に対する恨みつらみがお墓に行って、お墓を磨く度に薄皮を一枚一枚剥いでいくように父に対する恨みつらみが溶けていったんです。それで父に対する恨みつらみが溶けていった時に、何かね、工藤家の代々のタチっていうのを活かせるようになってきた。

スタジオで話す工藤氏

だから、倫理の法人会の会員じゃない方には、ごめんなさいなんだけども私たち倫理法人会で使っているテキスト「万人幸福の栞」の十三条のところに、「本当に父を敬し母を愛する純情の子でなければ、世に残るような大業を成し遂げることはできない」と書いてある。

私は父を否定していたので、親祖先から受け継いだ個性（タチ）を使うことができなかったんです。

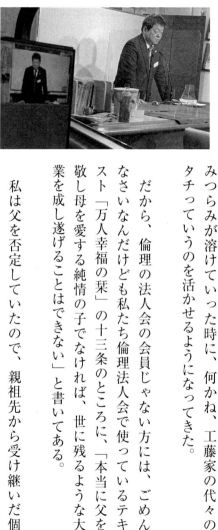

ああ、そういうことか。初めて本を出させて頂いた論語の本を書かせて頂いた時、私40代半ばでしたが、こういう流れだったのかなということをすごく思いました。

糸柳さんのお話を伺いながら、そういう思いをしながらでも、お父さんのこと大好きで、18年ぶりに会って訊きたいこと山ほどあるでしょう？「何で親父、なんだったんだよ…」と普通だったら思うでしょう。

だけれども、一緒に居られることだけが嬉しくってただただ一緒にいたという、かたや私はずっと父と一緒にいたにも関わらず、ふざけんじゃねえこの野郎！と思って生きていた、何だったんですかね。

いろんな巡り合わせの中でね、50半ば過ぎてね、こうやって、糸柳さんとご縁することができて真逆の親に対する思いをもって、同じ時代を生きてきた。なんか不思議な縁をすごく感じます。

2．節目節目できちんとしている

実は糸柳さんのお話の中で、何で糸柳さんは事業家として成功できているのか、ということをお話の中に少し垣間見ることができました。

それは何かと言うと、節目節目できちんとなさっている。普通だったらきちんとできないことって、いっぱいある。大の大人でも、何も不自由なく育った人でも役所に対する届出とか、いい加減な人っていっぱいいる。税金の時期になるとよくわかる。赤字の時は、税金払いようがないんですけど、儲かった時でも適当にちょろまかして、ごまかす人もいますよね。

糸柳さんは、転居する度に、転出届転入届きちんとしていた。ましてや、10歳11歳の少年がです。家賃がどう光熱費がどう、という考えができるとすごくきちんとしています。おじさんに迷惑かけるのが申し訳ないから…。確かにおばさんは、厳しい面はあったかもしれないけれども、おじさんに迷惑かけるわけいかないから、自分で生きてこうと思って仕事を見つけてきちゃう11歳って、どういう感じ？

節目節目ですごく、きちんとしています。そういった事がちゃんと今、仕事に結びついているんじゃないかな？と思います。やっぱりきちんとしない人が仕事が回るほど世の中って甘くないので、そういったようなところが現れているのかなと思えます。感心して聴いていたんです。

後は、人とのご縁をきちんと結び付けることができているっていうこと。残念なことにご両親との縁は、薄かったかもしれないけれども、例えば、紡績工場で働いている中卒のお兄ちゃんお姉ちゃん。今から考えると、僕らのちょっと上の年代は金の卵世代というのがあって、集団就職で東京に出てきたっていう世代があるんです。その時の人達っていうのは当然、学歴はみんな中卒です。そういった中で、中卒のお兄ちゃんお姉ちゃん達が自分のことを可愛がってくれて、その人たちが後悔ではないんだろうけれども、「高校は行きなさい」と言ってくれたのをそのまま素直に聞いている。素直に聞いている。本人は、謙遜があるんでしょうね。

「勉強なんかしてなかったから」と言っていましたが、一番偏差値低いと言ったって県立高校を滑る人いっぱいいるわけだから…。

僕は、中学から高校に上がるとき、仙台にいたので、地方の受験事情はそれなりに同じ歳なんで分かります。県立は、やっぱり難しいんです、それなりに。誰でも入れるというわけではない。それなりに準備をしないと入れないので、それはきちんとなさったんだろうなと思います。しかも入学金免除、学費免除、奨学金までもらえるような事ってことは成績が下の方だったら、ないです。

節目節目で、きちんとされたんだろうなっていうのは、高校行くのに、無理めなとこ狙ってもしょうがないし、大学は考えていらっしゃらなかっただろうから、進学校行く必要はない。

ただ手に職っていうことであの工業高校って、商業高校でもよかったのかもしれませんけれどもそれに入るために、きちんと準備したから。入学金、授業料免除、奨学金もらえる水準をあっさりクリアしたということは、想像できますよね。

これって、節目節目できちんとなさっているという事なんです。いい大人になった私たちもきちんとできないよって、いっぱいある。だから、せっかくの糸柳さんのお話を、私たちの勉強も、ものにするんであれば、そういったようなところは、やっぱりきちんとすべきかなと思います。

こんなようなことを考え感じさせていただきました。ちょっと私も、いろんな思いがあって父のこと思い出しながら聴いてしまいました。

あの、変に取られたくないので言いますが、私は今、父のこと大好きなんですよ。愛してやまない親父。私も、いずれあの世に行きますから、そしたら親父に、一緒に酒酌み交わしながら、話をしたいな、なんて思っております。

ちょうど時間となったようなので、この辺で終わらせていただきたいと思います。ご静聴どうもありがとうございました。

【第三部】

鼎談

糸柳氏と工藤氏は、全く真逆な環境の中でした。

糸柳氏が工藤氏の立場だったらきついなと感じ、泣きそうになったと言う。

「親父がもう帰ってこないんだな…」

と思って張って、それがかなわず、自分の目標を失いかけた時、一度だけ自殺を一瞬思ったという。

学校の屋上に行って、このまま死んじゃおうかな？

と思った…。

しかし、大家さん、同級生、おじさん、同じアパートのお兄さんお姉さん、いろんなひとの顔が浮かんできて、そういう人たちに悲しい思いをさせたくなという思いも同時に出てきて思い止まった。

その時だけ本気で死のうかな？

と思ったことはあった。

1. 各々のこれまで

釣部：それでは鼎談の時間に、移りたいと思います。糸柳さん工藤さん、ありがとうございました。お話ししてみて、そして工藤さんのお話を聞いて、どんな感想でしょうか？

糸柳：もう、今日の工藤さんの話を初めて伺ったんですけど、本当におっしゃる通り全く真逆な環境の中でしたけど、なんかそのすごく、僕が工藤さんの立場だったらきついなと…。正直に言って、泣きそうになったぐらいなんです。それでも今、オヤジ大好きって言っている姿、本当にたまたま、環境が違うんですけど、すごく近いなって言うか似ているなと言うか…。だから多分、自分の話も、工藤さんには伝わって頂いてるのかな？とも思ったし、自分もすんなりと違和感なく、すごく想像できるように入ってきました。なんかこれって縁なのか、わからないですけど不思議だなあと思いながらも、すごくいいお話を聞けたなあと思って良かったなと思っています。

釣部：僕、工藤さんが、もう少しいつものように、倫理的に解説を多くされるのかなと思ったら、ご自身の生い立ちや思いを話してくれて、驚きました。またどうして？という聞き方もおかしいですけども、ご自身の体験を話そうと思われたのは、何かあったんでしょうか？

工藤：そもそもなんですけど、僕は講話の準備をする方でしょ。レジュメとかきちんと作って、でも今回は糸柳さんの話を聞いて、悪い意味で変な意味に捉えられたら嫌なんだけど、もう出たとこ勝負が、今日はいいんだろうなと思って来たんです。だからなんか自然とこの話をしたんで別にそこに意図はなくて、自然と口をついて出てきた、という感じです。

やっぱり、糸柳さんと同い年っていうことと、同じ時代を違う土地だけれども同じ時代を過ごしていたので、糸柳さんの話を聞きながら僕、自分の小学校5年の時を思い出していたんです。小学校6年の時思い出した。

中学の時、高校受験の時のことを思い出していたんです。あの時なんだ、あの時静岡でそうだったんだ。そう思って聞いてたんでその流れの中で、今日の話になっちゃったっていう感じです。

釣部：僕は糸柳さんの話を前に一度聞いていて、さらに聞いていない話もあったんですけれど、そしてそれをまた工藤さんのお話を聞きながら、僕の幼少期というか、小っちゃい、まあ仮に二十歳までとしても、なんと幸せなことなんだろうと…。何もなかったわけじゃないですけど、大きな意味では何もない本当にない。なんて贅沢だったんだろうという想いがあって、僕は逆に歳を取ってから…、30歳ぐらいから母との関係が悪くなったんですけども…。

僕のことを言うと僕は、会えない娘がいるんです。知っている方は知っていますけど冤罪事件に遭って、親権を剥奪されてそれから探しに行けなくなったんです。探しても…隠されるという形で学校に行けなくなって、結局、親権・監護権全部なくなって5歳から未だに会えてないんです。

「パパは魔法にかかった」と言われて育っているらしいんです。「彼女はどう思うんだろう？パパのことを」と、ちょっとこう違う立場で、聞いていました。会いたいなっていう思いも最初の頃あったんですけど途中から今、もう諦めているんです。必要なら会えるだろうという思いになっていて、今度は僕の方が（歳）上だから、僕が死ぬ時に会えるかな？と思った時に僕はなぜそうなったか、というのを話したい思いになってしまう。逆の立場で僕はお話を聞かせて、いただいたんです。

だから多分、糸柳さんの話を聞いた方は、それぞれの自分の生い立ちでいろんなことを多分、考えられたんじゃないかなと思ったんです。今、コロナのことでニュースにあったんですが、若者とかの自殺が多いというニュースがありまして、糸柳さんはこういう人生の中で死にたいみたいなこと思ったことはなかったんですか？

糸柳：ありましたね。基本、元々は本当に、超楽天家でポジティブシンキングで、嫌なことはすぐ忘れて、という性格だったと思うんですけど。やっぱりその今日講話でも、話しましたけど親父がもう帰ってこないんだな…って思って、張りというか、自分の目標を失いかけたというか、その時だけ、自殺を一瞬思いました。

釣部：それは、飛び降りみたいな？

糸柳：そうですね。学校の屋上行ってこのまま死んじゃおうかな？と思ったんです。多分、勇気もなかったでしょうし、いろんな方が、大家さんだったりとか、同級生だったり、おじさんだったり、いろんな人の顔が頭に浮かんで、そういう人たちに、悲しい思いさせたくないなというのも同時に浮かんで止まったんですけど、その時だけ本気で死のうかな？と思ったことはありました。

2. 教えるという事

釣部：糸柳さんは常に、周りの方が自分のことをどう思うか…ということとか、自分がいなくなったら、悲しむ人がいるという事を感じられて、生きていらっしゃるんですよね。

糸柳：自分の中では至極普通の感覚なんです。

なんかちょっと飛んじゃうんですけど、今日、長男の本読みの勉強手伝っていて、本を読むっていうのは二つ方法があって、黙読といって目で読む声出さないで読むというのは、自分が本を読みたいから読む。自分で本を読んで学ぶってことでいいよ。でも「声を出して読む」宿題だったんです。はっきり、喋れているか？とか◎〇△とかあるんです。

書く欄がそれを教える時に、バーっと長男が一生懸命大きな声で読むんです。

読める漢字は漢字で書いてあって、あと平仮名で読んでいて、聴かせてくれるんです。今日その子どもに言ったのは、「声を出して読むっていうのは、聴いてくれる人がいるんだよね。聞いてくれる人が本が手元にない場合があると、コウダイは漢字も書いてあるし、どういった表現かも分かるから、情景も浮かびやすいし、理解できるかもしれないけど聴いている側はコウダイの声とか、言い方とか、感情の入れ方とか、それで情景を思い浮かべながらその本の内容を理解しなくちゃいけないから、もっとゆっくり喋んなきゃいけないよ」とか、「悲しい時は悲しい声で、怒っている時は怒っている表現でいいんだよ。とにかくどれだけ伝えてあげるかが大事なんで。聴いてもらえる人のことを考えながら読んでみたらどう?」という感じで見本を見せながら、教えていたんです。

自分なんか、その感覚と変わらなくて、何かをやる時に必ず周りがいて、その方がどういう思いで聴いている方か、どういう思いで、一緒に仕事しているか?が必ずあるわけでそれを考えない関わりって何かおかしいっていうのが多分、昔からあったんだな。

釣部：糸柳さんは普通に自分の中で、「普通」という感じですね。工藤さん その辺はどうなんですか？

工藤：素晴らしいなと、思いますよね。対比なんですけれども、私なんかは最近、人のことを考えるようになったくらいで、ものすごくエゴイスティックで、自分さえよければそれでいいっていうような、自己中なところがすごくあったと思います。若い時も子どもの時だけじゃなくてすごいですよね。幼くして周りのことを慮る、そこに気が行くというのが凄いですよね。なんか先ほどお聞きしたら、朗読劇をされるって言うのも今のお話とちょっと関係あるのかなと思ったんですけど…。

糸柳：たまたま本当に、この本はですね。本を書くことになって、出版映画化チームが6人で今動いているんですけど、そのうちのメンバーの1人が映画を結構世に出している会社の方で、その方が本当に如何に「幸せのカタチ」というタイトルの本をメジャーな、出版会社に出してもらうための作戦の一つとして、映画化も同時にやっています。当然映画を出す前にある程度有名な声優さんだったり、若い役者さんが7人ぐらい揃えて本を読みあう朗読劇っていうことを4月の23・24・25日でやる予定で動いているんですけど、朗読劇もやります。映画も今作ろうとしています。いかがですか？という形で持っていくための前段階として、やることになりました。

釣部：それはすごく、ありがたいです。今とまた違う流れで朗読って、僕は一度だけハンセン病の方の一人朗読芝居というのを見た時に演奏と違ってすごいなんか、耳から入ってきて感じる、感じ方が違うんですよ。意図を感じないって言いますか、こちらに次第になってくる。というのもあって…。だから、今小説を書かれてそれをまたね。朗読劇で発表してさらに映画っていうのは、なんかこう色んな媒体でいろんな形で想いを伝えていくのが、素晴らしいなと思ったんです。

工藤さんが先ほど、「節目節目でしっかりやっていらっしゃった」というお話があったんですけど僕が聞いていて節目節目でちゃんとした大人がすごく、サポートをしていたなって思うんです。だから、いつグレてもおかしく

鼎談の様子　右から糸柳氏、工藤氏、釣部氏

ない環境だけど、ポイントポイントで好きか嫌いかまた別としても、大人がサポートに入っていたんじゃないかなって思ったんですが、その辺はいかがですか？

糸柳：そうですね。本当に自分の場合は恵まれているというか、学校の担任の先生ももちろん、大家さん、同じアパートの人、同級生のご両親、近所のおじさんおばさん、いろんな方が本当に無償の愛じゃないですけど、まあ時代もあったんでしょうけど、この子一人で暮らしていたら可哀想とか大変だろうなってことで、町のそういった、町全体が子を育てる時代でもあったと思うんです。でもその中でも自分は相当恵まれているな、という環境だったんですね。

ただ今回、本に出そうとか映画にしようと思ったのは、今の時代の個人ではなくて、児童養護施設というのが実際あって、親はいるのに親に育児を放棄された子たちをどうやって守っていくか？　とかそういった子たちに、これだけ希薄な社会になっている中でどうやってその子たちの存在を世の中の人がより多く認識して、どうやって良い大人達がそういった子たちに、手を差し伸べてあげられるかという気づきを与えて行ければなと思っています。

特にその養護施設って全国に６５０箇所ぐらいあるんですけど、毎年１１００人から１８００人ぐらいの18歳の子が社会に出てきて、基本的にはほとんど就職できないです。特に女性なんてひどいもので結局、親が保証人にもならないのでアパートも住むところも決まらない。そうなると性風俗系だったりとか、そんな悪い大人たちのいいようにされてしまうとか、薬漬けになってしまうとか、男の子の若い子なんかもうオレオレ詐欺の一員になってしまうとか、本当に世の中もそういったところの報道を全然してくれない。そういった若者たちが、すごく困っていることを知らない。

自分らが望まないことで、たまたま親が育児放棄しているというだけで、でも18歳になったら、養護施設を出なくちゃいけない。でも会社はそういった子たちを雇用してくれない、住まわしてくれないと行くところ、決まっちゃうじゃないですか、命を失う人もたくさんいるんです。

自分は本当たまたま運が良かったんですけど、そういった人たちがいるっていう事実をいかに知ってもらって、いかにそういった子たちが一生懸命、夢を持って生きていけると環境を作るかっていうところが今回の本であったり、映画のテーマでそこの一つでも何か貢献できればなと思っています。

あと、ボランティアで児童養護施設の訪問したりですね。

3．大人の教育

釣部：色んな活動されているんですよね。

糸柳：はい。今年（2020年）はコロナの影響で行けなかったんですけど、「大人サンタ」というのが毎年あって、養護施設の子たちをディズニーランドに招いて、大体4人から7～8人ぐらいのチームを何十チームで作ってです。1日限りのファミリーを作って、丸1日、一生懸命そのディズニーランドで遊んでもらうイベントがあります。

3年前の大人サンタの時はすごく覚えていて、群馬県の中学校2年生と3年生の男の子と2人と53～54歳のおじさん2人の4人チームだったんです。思春期の男の子だったので、なかなか最初は打ち解けないというか…。自分らが養護施設にいる事に対してすごく引け目を感じているのかわからないですけど一切心を閉ざすというか、全く喋りかけても喋ってくれないんです。

午前中はずっとそんな感じで、そのパートナーのおじさんの方と自分と2人で一生懸命いろんな質問したりとか、なんとか和ませようとか色々したりとかしたんですけど、全く相手されなかったんです。

それでも一緒にご飯を食べたり、アトラクションに一緒に並ぶ時間、土曜日にやるので並んでいる時間の方が長いから、やっぱり向こうも、しょうがねえなあって感じちょっとずつちょっとずつ返事を返してくれるようになって…。でも本当朝の8時から夜…夕方4時ぐらいですかね。

ずっと遊んでいて…。

最後の最後にお土産を買うっていうことになって、その大人サンタって自分のチケット代と招待される子のチケット代プラス招待される子が1日遊べるための、お小遣いを3000円行き渡るぐらいの寄付をする。

寄付をさせてもらってそれで一緒に行くっていうことで3000円の小遣いを持っているわけです。

その子たちもその子たちでその日程は前もって分かっているので、自分でお小遣い貯めて1万円ぐらいお小遣い持ってきているんです。

小遣い1万3千円ぐらい持っている。

じゃあお土産買いに行こうとなった。

多分自分のお土産を買うんだろうなと思ったら、2人とも自分の土産1個も買わないんです。今日、来たくても来られなかった同じ施設の後輩たち、弟や妹たちのためにと言って、すごく時間かけて真剣にディズニーって安くはないんですけど、500円とか600円ぐらいするやつをいくつも買って1万3千円分全部、施設の同じ仲間の子たちのために買って帰る姿を見たときに泣きそうになりました。

「自分の分はいいの？」

「僕は来られただけですごく嬉しいから…」と。

でも今日、来たくても来れなかった子が本当にいるし、来年もその子たちが来れるかどうかわからない。大人サンタというのは寄付の金額によって、来られる人数も変わるんですよ。

だから来年ないかもしれないし、みたいなこと言っていて、案の定去年はコロナで無かったですし、去年は去年でなかったんですけどうちに、渡慶次幸平（選手）という子がいるんですけど、その子が、バラエティっていう名前の慈善事業団体が世界的に有名なのがあって、そこからミニオンの時計をそういった子たちに寄付したりとか、そういった活動をずっとやったりして、少しでもそういった養護施設の子たちが就職もそうだし、将来的な夢だったりとか叶える場だったり、環境だったりを与えられるようになったりとか、そういった子どもたちが少しでも生きる目標を何かのきっかけで与える場が作れたらなっていうのは思います。


釣部：そのためにご自分の体験を世に出して多くの人に知っていただきたい。

僕は2回じっくりとお話を聞く中できちんとした大人が、ポイントポイントで子どもに接すれば子どもは育つということをすごく思ったんです。

だから大人の責任がすごく重大なのに…。

鼎談で語る糸柳氏（右）と工藤氏

でも親は子を自分の持ち物のように勝手に子どもをコントロールしたいっていうのは、やっぱりやっちゃいけないことなんだなっていうのをつくづく思うんです。

工藤：　親も未熟だよね。完璧な人って絶対いないんだけど、その未熟な状態で子どもを育て家庭を作って、だからある時にああ親父もお袋も未熟だったんだなっていうことが分かるかどうかですよね。

どうしても子どもからすると、　親って絶対なのでまさに絶対視しちゃうでしょ。

だから、おかしなことまでも、それが正しいと思い込んで育っちゃうからそんなところでいろんなおかしなことが起こるのかな？

大人になってもなんとなく引きずっている人って結構多いじゃないですか。

だから節目節目でちゃんとした大人に出会うということ大事だけれども、日常的にとんちんかんな大人に刷り込まれるって、これ問題ですよ。

本当にこれ何とかなんないのかな？

親になる勉強ってしないで親になっちゃうでしょう。

だからこんなこともちろんね。

大変なお子さん達に夢を持たせるとか、そういった子たちがきちんと世間に出ていけるような仕組みを作るのも大事だけれども、
もう一方で大人の教育、親の教育というの必要じゃないのかな？と思います。

釣部：そういう意味でね。
倫理法人会ではそういう勉強もするんですけれども…。
もっと話聞きたいんですけど時間になってしまいましたが、
糸柳さんのお話を聞きたいとか倫理法人会のモーニングセミナーに

お呼びしたいとかっていう場合Facebookやられているんで、
糸柳さんにメッセージを送って、
「今日のお話し、聞きましたけどどうですか？」
と問い合わせていただければお返事していただけると思います。
また、あと私のところにも問い合わせてもらえれば糸柳さんにお伝えします。
一人でも多くの方に糸柳さんの話を聞いてもらいたいと思います。
今日は長い時間、糸柳さん工藤さん、ありがとうございました。
会場の皆さんどうもありがとうございました。

おわりに

糸柳氏の場合、小学生で両親がいなくなってからも、施設に入ることもなく独りで人生を歩み続け、そして成人し、いまは幸せな家庭を持つまでになったが、これはかなり特殊なケースではないだろうか。今の時代ではいい意味でも悪い意味でも不可能であろう。とはいえ、糸柳氏が独りで生きてこられたのには、糸柳氏の思い方はあったにせよ、独りの力ではなく、節目節目で周りの様々な大人たちの助けがあった。今回は話していないが、このほかに、一歩間違えていればどうなっていたかわからない危ない経験もしている。

人は決して、独りでは生きていけない。ましてや狭い世界しか知らない子どもは、なおさらである。本人たちの問題ではなく親たちの問題で、行く当てない子どもたちが大勢いることを社会全体でもっと認識し、手を差し伸べ支えてあげるべきではないだろうか。

子どもたちは、いずれ成長して大人になる。未来を担うのは今の子どもたち。

私たちは、達成少年が節目節目で出会ったような、彼の人生にプラスの影響を与えるような大人になっているのだろうか？　本書をきっかけに自問自答したい。未来に貢献できる大人でいたい。

最後に、赤裸々に語ってくれた糸柳達成氏に心より感謝いたします。

また、糸柳氏の成功の理由を分かりやすく解説頂いた工藤直彦氏にもあらためて感謝いたします。

私が言う立場でもないのですが、糸柳氏に関わってくださった、大人の皆さんに、心より感謝いたします。ありがとうございました。

私の「幸せのカタチ」の一つになりました。

本書を世に出せることの幸せを感じております。

二〇二一年四月吉日

万代宝書房　釣部　人裕

糸柳 達成 Tatsunari Itoyanagi

【著者プロフィール】

株式会社アテイン 代表取締役社長

1964年 静岡生まれ

1990年 関東老舗法人に一般社員として入社。
多数の店舗を歴任

1997年 人事部教育研修課に異動。

2001年 2店舗統括店長に昇進

2005年 リニューアルを計機に異動

2006年 マーチャンダイザーとして本社勤務

2006年 新規出店店長を契機に異動

2007年 パチンコ専門営業コンサルタント会社に転職

2011年1月 株式会社アテインを設立

2012年2月 現在の住所に移転

【事業内容】

経営コンサルティング、企業団体等の社員教育、研修、セミナーの企画、実施、マーケティングリサーチ並びに企業の販売促進活動の企画に関する業務、テレビ番組の企画、運営並びに講師の派遣、人材派遣業務

【連絡先】

〒135-0052 東京都江東区潮見1-28-8 ベイフレール潮見701
URL : http://at-attain.com/
FB : https://www.facebook.com/tatsunari.itoyanagi
E-mail : info@at-attain.com

幸せって何だろう？　私の思う幸せのカタチとは

2021年5月17日　第1刷発行

著　者　糸柳 達成・工藤直彦
編　集　万代宝書房
発行者　釣部 人裕

発行所　万代宝書房　東京都練馬区桜台1-6-9-102　〒176-0002
電 話 : 080-3916-9383　FAX : 03-6914-5474
URL：http://bandaiho.com/　E-Mail：info@bandaiho.com

印刷・製本／小野高速印刷株式会社

ISBN 978-4-910064-42 -0 C0036

装丁・デザイン／ＬＵＮＥ企画　小林 由香

万代宝書房について

みなさんのお仕事・志など、未常識だけど世の中にとって良いもの（こと）はたくさんあります。社会に広く知られるべきことはたくさんあります。社会に残さなくてはいけない思い・実績があります！　それを出版という形で国会図書館に残します！

「万代宝書房」は、**「『人生は宝』、その宝を『人類の宝』まで高め、歴史に残しませんか？」**をキャッチにジャーナリスト釣部人裕が二〇一九年七月に設立した出版社です。

「実語教」（平安時代末期から明治初期にかけて普及していた庶民のための教訓を中心とした初等教科書。江戸時代には寺子屋で使われていたそうです）という千年もの間、読み継がれた道徳の教科書に**『富は一生の宝、知恵は万代の宝』**という節があり、**「お金はその人の一生を豊かにするだけだが、知恵は何世代にも引き継がれ多くの人の共通の宝となる」**いう意味からいただきました。

誕生間がない若い出版社ですので、Amazonと自社サイトでの販売を基本としています。多くの読者と著者の共感をと支援を心よりお願いいたします。

二〇一九年七月八日

万代宝書房